박영우 사랑시

1인치의 사랑

도서출판
이유

박영우 사랑시
1인치의 사랑

ⓒ 박영우, 2007

지은이 · 박영우
펴낸이 · 김러수

초판 인쇄 · 2007. 11. 25
초판 발행 · 2007. 11. 30

기획 / 편집 책임 · 정숙미

펴낸 곳 · 도서출판 이유

주소 · 서울특별시 동작구 상도1동 780-2 종현빌딩 3층
전화 · 02-812-7217   **팩스** · 02-812-7218
E-mail · eLpub@hanafos.com
출판 등록 · 2000. 1. 4 제20-358호

디자인 · N.com (02-822-7123)
인쇄 · 청송문화인쇄사 (02-2676-4574)

ISBN · 978-89-89703-79-2(03810)

값 · 6,500원

- 저자와의 협으 하에 인지를 생략합니다.
- 이 책에 실린 글·사진의 저작권과 출판권은 도서출판 이유에 있습니다.
  저작권법에 보호받는 저작물이므로 영상이나 활자 등 어떤 경우에도
  도서출판 이유의 서면 동의없이 무단 전재나 복제를 금합니다.

  잘못된 책은 본사나 판매처에서 바꿔 드립니다.

박영우 사랑시

1인치의 사랑

自序

생은
언제나 사랑을 만들고 또 그 사랑을 지운다.
사랑은 언제나 상처를 남기지만
그 상처를 치유하는 것 또한 사랑의 힘이다.
살아 있는 동안 열심히 사랑하리라.
그리고 그 흔적을 한 편의 시로 박제시키고 싶다.

살아갈 시간이
사랑할 시간이 길지 않기에

2007년 11월
박 영 우

박 영 우 사 랑 시
1인치의 사랑

―――――――――― 차 례 ――――――――――

● 첫 번째
한 번쯤 기대고 싶은

별	13
까치밥	14
손수건	15
비 오는 날의 연가 1	16
비 오는 날의 연가 2	17
비 오는 날의 연가 3	18
더덕을 찾아서	19
NO PAGE	20
한 번쯤 기대고 싶은	22
sign	23
고속도로에서	24
가부장은 지랄—	26
제로가 그립다	28
외기러기 아빠	30
나는 눕고 싶다	31
내 느낌대로 1	32
내 느낌대로 2	33
내 느낌대로 3	34

솔잎주를 마시며 ·················· 35
빈 소주병 ························ 36
부재중 ··························· 37
탈옥을 꿈꾸는 밤 ················ 38
임진강의 노을 ···················· 40
심포는 항구다 ···················· 41
동강에 누워 ······················ 42
홍천강에서 ······················· 43
여자를 느낄 때 1 ················· 44
여자를 느낄 때 2 ················· 45
여자를 느낄 때 3 ················· 46
여자를 느낄 때 4 ················· 47
지리산에 오르다 ·················· 48

● 두 번째
  1인치의 사랑

망초꽃 ··························· 51
한강에서 만난 다섯 개의 바람 ······ 52
1인치의 사랑 ······················ 53

귀향	54
무거운 것은 가라	55
슬픈 공룡	56
지금은 종족 분열중	58
슬픈 표정 짓지 말아요	60
어느 메조키스트의 사랑	61
線 밖의 사람	62
너를 보내고	63
사랑은 없다	64
꿈	65
부음(訃音)	66
너의 방문을 두드릴 때면	67
고통까지의 거리	68
가족사진을 바라볼 때면	69
심야의 커피 한 잔	70
잠자리에 들 때마다	71
새	72
면회	73
무명	74
모두들 집에 돌아갈 때	76

꼽추가 있는 카페 ····················· 77
해명산의 낙조 ······················ 78
구룡령 너머에는 잃어버린 시간이 산다 ········· 80
내 사랑 하리수 ······················ 82

● 세 번째
사람이 꽃보다 아름다워

길을 가다가 ························ 85
사람이 꽃보다 아름다워 ················ 86
실직자 K씨의 하루 ···················· 88
사물놀이 ·························· 91
비 그리고 봄 ······················· 92
모월모일 ·························· 93
흐린 날의 우리는 ····················· 94
길을 잃다 ·························· 95
퇴근 ····························· 96
새벽에 ···························· 98
거리에서 ·························· 99

지금은 접속중	100
느낌 1	101
느낌 2	102
느낌 3	103
느낌 4	104
느낌 5	105
테크노 댄스, 테크노피아	106
길에서 길을 만나다	108
불암산 자락에	109
언더그라운드 1	110
언더그라운드 2	111
언더그라운드 3	112
언더그라운드 4	113
진고개를 넘다	114
길	116
산에서 내려올 때	117
길이 끊어진 곳에 강이 있었다	118

● 해설

〈사랑〉과 〈허무〉의 뼈아픈 역설
오정국(시인, 한서대 문예창작학과 교수) ····· 119

첫
번
째

한 번쯤 기대고 싶은

 # 별

별은 빛나고 있건만
나를 위해 반짝이는 별은 하나도 없다.
무수한 별이 반짝이고 있건만
밝게 반짝일수록
사람들에게 기억된 별일수록
밤하늘 높이 매달려
더욱 고독할 뿐이다.
내가 찾고 있는 별은
오늘밤도
오리무중이다

 ## 까치밥

앙상한 가지 위에 홀로 남은 홍시 하나.
서리 맞아 더 빨개진,
덧없는 절실함으로
오늘도 종일 매달려
애태우는 너의 고독.

이제는 찾아올 까치마저 사라진
하늘에 차려놓은 가난한 네 밥상이,
이 아침
햇살마다에 눈물처럼 어린다.

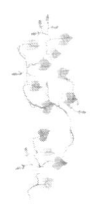

 # 손수건

때로는 웃고 싶지 않은 웃음을 웃어야 하고
때로는 하고 싶지 않은 이야기를 나누어야 하며
때로는 흘리고 싶지 않은 눈물을 흘려야 하나니……
아, 내가 웃어야 할 웃음,
내가 나누어야 할 이야기,
내가 흘려야 할 눈물은
어디 있는 것일까.

웃으면 웃을수록
이야기하면 이야기할수록
눈물 흘리면 눈물 흘릴수록
더러워진 한 장 손수건으로 남는
나의 하루.

하루의 끄트머리에서
어둠처럼 더러워진 양심을 세척하며
나는 내일을 위한
또 한 장의 손수건을 마련해야 한다.

 # 비 오는 날의 연가 1

오늘도 만나기 위하여
비를 기다린다.
시간은 자꾸만 타다만 담배 꽁초를 적시고
나는 또 한 번 성냥을 그으며
기다림을 소각한다.
사람이 그리울수록
술잔 속에 담기는 고독.

또 하나의 불운이 펄럭이고 있다.
쓸모없이 버려진 시간들은
차디찬 접시 위에 안주로나 씹히며
그 최후를 마감하고
나는 오늘도 투명한 유리잔을 들어
하루를 마감하는 빈 가슴을 채운다.

 # 비 오는 날의 연가 2

우산을 쓰고 홀로 걷는 대학로
서른여섯, 삶의 잔해들이
빗방울로 떨어져 내리고……

젊은 날 토해내던
푸르디푸른 삶의 대사들은
지금쯤
저 느티나무의 새 잎으로 돋아 있을까.
어쩌면
글라디올러스의 꽃망울이 되어 있을지도 몰라.

꿈에서 깬 듯
세월은 흘렀어도
젊은 날의 꽃물이 든 그 자리에
추억처럼 앉아
초롱한 눈망울의 연인들이 남기고 간
먼 기억의 찻잔들을 마주하고 싶은
비 내리는 대학로에서

 ## 비 오는 날의 연가 3

비를 기다리듯
누군가를 기다리고 싶다.
그리고 한 번쯤은 기대고 싶어진다.
말하지 않아도
포근하게 다가오는
그리움에 절은 가슴,
진실로 부푸는 가슴.

삶이 힘들수록
빗줄기가 거세질수록
더욱 간절해지는
너와 나의
끝없는 기다림.

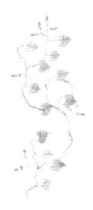

 ## 더덕을 찾아서

비 내리는 날,
더덕을 캐기 위해 산을 올랐다.
더 크고 실한 더덕을 캐기 위해
될 수 있는 대로
인적이 드문 산 속을 헤매야만 했다.
이미 옷은 땀과 비에 흥건해졌고
마침내 얻은
자연산 더덕 한 뿌리.

산은 더 이상 휴식의 장소가 아니다.
더덕 한 뿌리가 내 안에 들어와
쓸쓸한 혼돈 위로, 문득
새순을 내민다.

 # NO PAGE

누군가에게 전화를 걸지 않으면
불안해지는 밤이 있다.

까페에서 홀로
이글스의 〈Sad cafe〉를 들으며
핸드폰 통화버튼을 누른다.
010…
011…
017…
018…
019…
- 죄송합니다. 연결이 되지 않고 있습니다.
- 뭐, 한 방에 통한다고
그래도 믿을 건 유선전화다.
전화를 건다.
신호가 간다.
드디어 전화를 받는다.
- 여보세요! 나야 나!
- 저는 지금 외출중이오니 메시지를 남겨주세요.

삐이이 -

혼자가 좋아
홀로 있다 보면
문득 혼자라는 사실이 두려워
습관처럼 주머니 속 핸드폰을 확인해 보지만
〈NO PAGE〉
그리운 사람은
아직 연락이 없다.

 ## 한 번쯤 기대고 싶은

세월이 흐르다 보면
한 번쯤
보고 싶은 얼굴이 있다.
세상을 살다 보면
한 번쯤
기대고 싶은 가슴이 필요하다.

새가 지저귀고
계곡물 소리 속삭이는
풀내음 가득한
그런 가슴에 묻혀
이 한 밤,
잔 가득 넘치는 네 눈빛에
새도록 취하고 싶은 때가 있다.

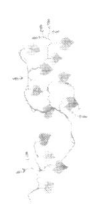

 sign

네가 그리워질 때
네 가슴이 필요해질 때
습관처럼 담배에 불을 붙이거나
한 잔의 적막감을 거품처럼 들이킨다.

산다는 것은
자정을 알리는 시보를 듣는 것처럼
또 한 번의 각오를 추스리게 한다.

빨간 네온 십자가들 무성한
하루의 끄트머리에서
허탈한 일상을 입김으로 호호 불며
내 안에 숨겨놓은
너의 창을 문지른다.

 ## 고속도로에서

홀로 고속도로를 달리다 보면
규정속도를 잊어버릴 때가 있다.
충직한 애마는
역시 주인의 말을 잘 듣는다.
삶의 박차를 가할수록
100km
　·
　·
　·
120km
　·
　·
　·
140km
　·
　·
　·
160km
내 삶의 주행선을

아니 추월선을 달린다.

옆 차선으로는
넥타이를 맨 점잖은 손수운전자가 스쳐간다.
연인들이 정담을 나누며 천천히 지나가고,
졸고 있는 식솔들 틈에서 가장이 홀로 핸들을
잡고 간다.
도살장으로 실려가는 한우가 슬픈 눈으로
나를 바라보고,
배추를 가득 실은 트럭이 경매장을 향해 달려간다.
어디서 나타났는지 스포츠카 한 대가
내 꽁무니에 바짝 붙어 상향등을 깜박댄다.
나는 더욱 가속페달을 밟는다.

홀로 고속도로를 달리다 보면
나도 모르게
몸이 가벼워진다.

 ## 가부장은 지랄―

과장이 되었다고
부장이 되었다고
지점장이 되었다고
이사가 되었다고 자랑스레 명함을 내밀던 친구들이
언제부턴가
오후 네 시가 되면
동네 골목 어두운 호프집으로 몰려들고 있다.
누구 하나
기다려주는 사람도 없는데
호프집 한 구석을 차지하고 앉아
속절없이 덥기만 한 오늘을
생맥주 한 잔으로
식히고 있다.

서글픈 중년,
노부모도 모셔야 하고
집도 넓혀야 하고
아이들 학원비, 배낭 여행에 어학 연수,
등록금 댈 일이 아득하기만 한데

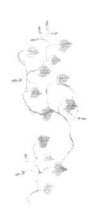

이제 조직은
아니 세상은 더 이상
그들을 필요로 하지 않는다.

돈 있을 땐 가장,
돈 떨어지면 집안에서조차
구조조정 대상이 되는
슬픈 중년의 하루가
허름한 호프집
차디찬 유리잔 속으로
하릴없이 지고 있다.

 ## 제로가 그립다

현금인출기에서 돈을 뽑다 보면,
문득 스쳐가는 두려움이 있다.
'혹시,
"잔액이 부족합니다."라는
경고문이 튀어나오지 않을까?'

그런 우려가 사실이고 보면
현금인출기 앞의 나는 그만 주눅이 들고만다.
'짜식, 쥐뿔도 없으면서'

나는 허겁지겁 카드를 빼들고
도둑질이라도 하려다 들킨 듯이
캐쉬박스를 빠져나오는데,
뒤통수에 바짝 다가서는 소리.
"이용해 주셔서 감사합니다. 안녕히 가세요."

길거리에 서서
남이 볼세라 잔액을 확인한다.

```
00-11-25 전화            10,900   -7,367,947
00-11-25 적금           200,000   -7,567,974
00-11-26 엘지신용카드   626,610   -8,194,584
            ·
            ·
            ·
00-11-28 삼성생명       134,838   -9,690,874
00-11-30 현대자동차     250,000   -9,940,874
```

아,
차라리 제로가 그리워지는

　　　ㅡ
　　　　ㅡ
　　ㅡ
　　　ㅡ

마이너스같은 눈이 내리는
길거리에서.

 ## 외기러기 아빠

변기에 앉아
신문을 읽다 보니
요즈음 외기러기 아빠들이 늘어나고 있단다.
오로지 아이의 공부를 위해
아이의 장래를 위해
아이와 아내는 미국으로, 카나다로, 호주로, 뉴질랜드로
떠나보내고
외롭게 방 한 칸 지키며
밤이면 밤마다
캔맥주나 까면서
외로운 적막을 맥주 거품으로 묻고 사는
때 아닌
외기러기들이
버거운 날개짓 하는
아, 희망찬 뉴 밀레니엄
서울의 지붕 밑.

 ## 나는 눕고 싶다

삶은 현재진행형
나의 삶에 과거는 없다.
과거 같은 현재
현재 같은 미래

나의 빛깔과 향기로
우리의 보금자리를 채우고,
살아 있는 모든 상처를
온몸으로 어루만지며,
탄생의 기쁨처럼
죽음에 이르고 싶다.

 ## 내 느낌대로 1

내 느낌대로 살고 싶다.
나만이 느끼는 오늘을 껴안고 싶다.
나를 에워싸고 있는
모든 슬픔과 고통의 굴레를
망각의 광야 속으로 벗어던지고
전망 좋은 방에 누워
전망 좋은 오늘을 꿈꾸고 싶다

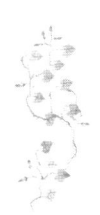

 ## 내 느낌대로 2

또 하루가 슬픈 하혈을 하는 석양 무렵
신이 내게 준 하루가 뉘엿뉘엿 지고 있다.
저 지평선 너머로 지는 낙조처럼
내일에 대한 기약도 없이
나도 언젠가는 가야 하련만,
아무런 준비도 없이
지금 내 손에 쥐어진 건
오직 빈 술잔.

 ## 내 느낌대로 3

출근을 하다 보면
문득 떠나고 싶을 때가 있다.
가정도, 직장도, 친구도 다 버린 채
문득 사라지고 싶어진다.
어제 같은 오늘이 싫다.
오늘 같은 내일은 더욱 싫다.
나만의 오늘을 만나고 싶다.
심장이 콩콩 뛰는 벅찬 오늘을 살아가고 싶다.

 ## 솔잎주를 마시며

"처자를 가지는 자는 운명을 볼모잡힐 것이다."
프란시스 베이컨의 말이다.

덮고 있던 이불을 벗어던지고
표표히 떠나고 싶을 때
솔잎주 한 잔을 따른다.
혀 끝에 전해지는 어린 솔잎의 깊은 향기,
그 향기에는 기교가 없다.
진실이 있을 뿐이다.

떠나고 싶을 때마다
솔잎주를 마시며
또 다른 나를 숙성시킨다.

 # 빈 소주병

엠티가 끝난 날 아침이면
마당 여기저기 저마다 다른 방향으로 주둥이를 벌린 채
소주병들이 누워서 곤한 잠을 자고 있다.
저마다 자신의 몸을 가득 채웠을
시리도록 맑은 꿈과 사랑의 대사들을
밤새도록 추억처럼 나누어주고
이제 빈 거죽으로 남아
재활용 수거함 속으로 끌려가고 있다.

하지만 그는 며칠 후 다시 처음처럼,
아니 처녀처럼, 총각처럼
새 옷과 새 이야기로 자신의 몸을 가득 채운 채
당당하게 내 앞을 찾아올 것이다.

오늘따라 재활용을 기다리는
빈 소주병 하나가
문득 나를 설레게 한다.

 ## 부재중

그녀는 매일 내 방을 청소하고 간다.
나는 아직 그녀의 얼굴을 본 적이 없다.
내가 어질러 놓은
어제의 흔적들을
진공청소기로 말끔히 흡입해 버리곤
아무런 일도 없었다는 듯
주인 없는 빈 방을 걸어 잠그고
기나긴 복도 끝, 그림자만 늘어뜨린 채,
부재중이라는 팻말이 붙어 있는
또 다른 방문을 향해
오늘 아침에도
덧없는 존재의 열쇠를 디밀고 있을 것이다.

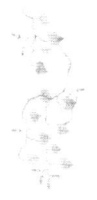

 ## 탈옥을 꿈꾸는 밤

내가 살아 있는 한,
형 집행 정지란 없다.

나만의 자유로움을 찾아서
어둠이 욕망을 뒤덮는 밤
손톱 끝으로 땅굴을 파내려 간다.

살아갈수록 두꺼워지는
일상의 시멘트 바닥을
1미리, 1센티씩 긁어 내던지며,
가슴 벅찬 탈출을 꿈꾸다 보면
시리디시린 젊은 날의 꿈과 절망이
곰팡이처럼 번지는 자정 무렵

창 밖으로
달이 떠오른다.

재빨리 나는,
달을 등진 채 돌아눕는다.
그리고
숨을 죽인다.

쥐도 새도 모를 나의 음모가
째깍째깍째깍째깍……
운명의 초침 소리에
깊어가고 있다.

 ## 임진강의 노을

철책 너머 저만큼 버려진 나날들이
물 빠진 강바닥에 흰 뼈를 드러낸 채,
그리운 굽이굽이를 황혼으로 덮는데
그리움의 깊이만큼, 사랑의 깊이만큼
간절하게 다가오는 거칠어진 네 숨결이
일몰의 순간 다가와 내 입술을 부빈다.

여보세요,
여보세요,
여윈 자락 붙들어
핏줄 같은 흐름을 멈춰서게 해놓고
이제는 한 몸이 되어 물들고 싶어지는

 ## 심포는 항구다

겨울 망해사의 바람을 피해 심포에 갔다.
생합 한 접시에 소주잔을 들이키는데
하늘은 홍조 띤 얼굴로
바다를 껴안는가 싶더니,
이내 새떼가 몰려오듯
눈을 퍼붓기 시작한다.

갑자기 로맹 가리의 소설,
〈새들은 페루에 가서 죽다〉의 행간들이
눈발이 되어 술잔 속을 떠돌고 있다.

"바다는 살아 있는 형이상학이다."

지금, 그 안에서 내 상처가 자라고 있다.

 ## 동강에 누워

래프팅을 하러 동강에 갔다.
정신없이 급류를 헤쳐가다 보니
어언 평온해지는 물살, 그 속으로
풍덩 몸을 던지자
덥석 안아주는
깊디깊은 네 품안
그 안에 안긴 채
하늘을 본다.
하늘이 흘러간다.
나도 따라 흘러간다.
억겁의 시간 속,
한 점 시간 위를
한 조각 구름이 되어
흘러가고 있었다.

 ## 홍천강에서

저 강물을 따라
나도 흘러가고 싶다.

모든 것이 흘러간다.
강도
구름도
집도
자동차도
소나 돼지조차도……
그러나 나는
흘러가지 못한다.
아니, 흘러가기엔 남겨둔 것이 너무 많다.

이렇게 산 위에서
오래된 나무 등걸 하나 꼬옥 붙들고
그냥 여기에
머물려 한다.
그냥
편하게 잠들 무덤이나 하나 파다가
죽어가려 한다.

 ## 여자를 느낄 때 1

문득 옛사랑이 그리워질 때가 있다.
오래된 팝송을 들으며
은은한 조명 아래
그녀와 단 둘이 앉아
뿌옇게 먼지 쌓인
감정의 창을 활짝 열고
알몸으로 뛰어들고 싶은 오늘.

 ## 여자를 느낄 때 2

사랑은 무성영화처럼
소리없이 다가온다.
괴롭거나 슬플 때,
또는 고독한 담배 연기를 내뿜을 때,
문득 설레임으로 다가서는
추억 같은 느낌

 ## 여자를 느낄 때 3

여자는 늘 꽃처럼
향기로 다가온다.
꽃은 꽃이듯이
여자는 여자일 뿐
한 송이 꽃처럼
그냥 곁에 두고 싶을 뿐
라일락 그늘 밑을 지나치듯
문득 내 안에 머물다
이내 사라져 버리는
안타까운 네 향기,
그리고 느낌.

 ## 여자를 느낄 때 4

여자는 풍화하여 어머니가 된다는데
하지만 어머니이기 이전에 여자이다.
가끔 손거울을 꺼내어
화운데이션을 바르고
핑크빛 볼터치를 하며
오렌지빛 립스틱을 칠한다.
그리고 마지막으로 샤넬 향수를 뿌리며
자신의 존재를 확인한다.
꽃무늬 자켓에 짧은 스커트를 입고
내 생의 하루를 확인하기 위해 거리를 걷는다.

나를 보여주고 싶은
아니, 여자임을 느끼고 싶은
누군가를
사랑하고 싶은 오늘.

 ## 지리산에 오르다

잊기 위해 산을 오르는데
잊는 것도 잠시

왜 자꾸만
산 아래 소식이 궁금해질까.

南無阿彌陀佛
觀世音菩薩

두
번
째

1인치의 사랑

 망초꽃

달빛 아래 망초꽃 잔뜩 피어 하얗다.
어쩌다 휑하고 바람이라도 불라치면
서로들 몸을 섞으며 교성을 질러댄다.

개망초 엉겅퀴도 키재기를 하고 있다.
그리운 이름만큼 지향은 아름답다.
사랑과 존재의 길이 거기에 있었다.

망초꽃 한 송이가 그것을 가르쳐준다.
꽃처럼,
아직도 더 피우고픈 사랑이
이 아침,
내 안 가득히 모락모락 피어난다.

 한강에서 만난 다섯 개의 바람

툰드라의 찬 바람이 십이월을 말리고 있다.
생각보다 먼저 왔다 지치도록 가지 않는
쓰디쓴 네 체온으로 고뿔 앓던 일백일.

겨우내 키워왔던 서러움 반쪽 내어
해빙하는 꿈을 엮어 꽃씨처럼 날려보면
한 두름 가쁜 숨결로 철새 또한 깃을 턴다.

드러난 하상의 때늦은 빗방울에
하나의 화석으로 뿌리 내린 오늘의 뼈.
흩어진 일상을 쓸며 젖은 창을 닫는다.

사랑이 철교 위를 꽃뱀처럼 기어가면
아쉬운 손짓들이 낙엽으로 떨어지고
아, 그때 어쩌면 한강은 입술인 듯 말랐던가.

계절에 걸맞는 새와 빛깔을 앞세우고
떠나간 바람은 다시 또 돌아왔다.
그리고 말없이 헤매어갔다 찬 안개의 가슴 속을.

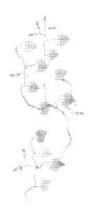

 # 1인치의 사랑

지금, 사람들은
1인치의 사랑만을 필요로 한다.
그 이상의 사랑을 원치 않는다.
왕만두처럼 펑퍼짐한 사랑이 아니라,
프라이드치킨 한 마리의 완전한 사랑이 아니라,
약초로 구운 닭 가슴살 한 쪽만
테이크아웃해가는
작고 앙증맞은 쇼핑백에 담을 만큼의
순간의 시장기를 면할 만큼의
그런 사랑이 필요한 때.

귀향

코스모스 하늘거리는 잎새 사이로
아들과 손자를 떠나보내는
아버지의 수척한 손짓이
백밀러에 저만큼 멀어지는데
그립다 하면서도
돌아서면 마음일 뿐.

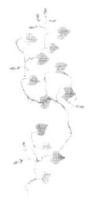

 # 무거운 것은 가라

무거움은 가고
가벼움만 남은 시대.

어쩌다 태풍이라도 몰아치면
꿈도 사랑도
티끌처럼 날려가고
욕망만이
사막처럼 남을

絶·海·孤·島
외로운 행성.

 슬픈 공룡

세기말의 밤
나는 한 마리 공룡이 되어
도시의 밤거리를 어슬렁거린다.
하지만,
사람들은 더 이상 내게 관심이 없다.
내가 걸어야 할 길도 없다.
한때, 그 무성했던 산야의 먹이들은 다 어디로
사라지고
한때, 덩치 자랑, 힘 자랑하던 친구들은 다 어디로
떠나고
사방팔방 오르지도 못할 산처럼 둘러쳐진 빌딩 숲에
짓눌려
더 이상 몸을 움직일 기력조차 없어
잠시 네거리에 피곤한 몸을 눕힌다.
하지만 그것도 잠시,
사방에서 두 눈에 불을 켠
이상한 짐승들이 괴성을 질러댄다.
깜짝 놀라 쫓기듯이 힘든 발걸음을 옮기는데
한 아이가 호기심 어린 표정으로 나를 부른다.

"티라노사우루스! 너 티라노사우루스 맞지."
아이는 이상한 상자 앞에 나를 앉히고는
"네 친구들 만나게 해줄게 조금만 기다려."
아이가 단추를 누르자 대번에 나타나는
내 모습, 내 나라, 친구들의 모습.
그렇게 찾아 헤매던 내 세상이 거기 있었다.
순간, 나는 그 속으로 뛰어들었다.
하지만 그곳에 들어가려 할수록
머리엔 별똥별만 그려질 뿐
그나마 그리운 모습들조차 볼 수가 없었다.

아, 이제는
되돌릴 수 없는
갈 수도 없는
그리운 시간,
그리운 나라.

 ## 지금은 종족 분열중

이제 도시는 보보스족 세상이지요.
무슨 그런 인종이 있냐구요.
보헤미안이 부르조아를 만난 것이지요.
말하자면 정신적 혼혈아라고나 할까요.

세상은 이제 평범함을 거부하지요.
무조건 일류가 되어야 한다니까요.
입는 것, 먹는 것,
사는 곳, 노는 곳,
노는 사람조차 일류만 용납하지요.
동거도 이젠 SKY 출신들끼리만 한대잖아요.

아메리칸 스시롤에
아사히 캔맥주를 마시고
스타벅스에서 에스프레소 커피를 즐기지요.

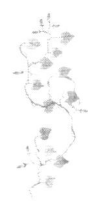

버블티 가게 앞을 지나던 여학생은
'어머 이거 한국에도 생겼네.' 하며
금방 미국 생활의 향수에 젖는군요.

지금은 종족 분열 시대.
아마 종족 지도를 다시 만들어야 할 것 같습니다.
같은 부류끼리만 호르몬을 발산하는
아, 헷갈리는 매니아의 세상.

 ## 슬픈 표정 짓지 말아요

퇴근 무렵
홍대 앞 '69' 바나 'HOME' 바에 가면
홀로 칵테일을 즐기는 여자들이 많지요.
칵테일이 혀에 휘감기듯
매력적인 여자들이
저마다 슬픈 표정을 한 채,
미끈한 다리를 꼬고 앉아 마일드 세븐을 꼬나물지요.
물론 나도 혼자이지요.

네온 휘황한 거리를 나서다 보니
문득 학교 담벼락에 걸려 있는 현수막이 보이질 않겠어요.

'야들아, 마일드세븐 피지 말거라'
-정신대 할머니 일동-

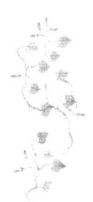

 ## 어느 메조키스트의 사랑

오늘 아침도
내가 살아 있다는 사실이 불가사의하다.
지독한 불면의
불치의 사랑을 찾아
나는
어둠 속 두려움을 밟듯
밀월 여행을 떠나곤 했다.

사랑이 내 몸에서 빠져나간 그 자리엔
허무에 중독된 그리움들이
소름처럼 돋아나고 있었다.

 ## 線 밖의 사람

사람들은 저마다 선을 그으며 산다.
민족이 다르면 국경선을 긋고
지방이 다르면 경계선을 그으며
같은 혈족끼리 마을을 만들고
같은 식솔들이 모여 담장을 치고 집을 짓는다.
그리고 칸칸히 방 안에 들어앉아
저마다의 경계선을 초병처럼 지킨다.

선이 그어진 보도 위를 걸어가야 하고,
선이 그어진 횡단보도 위를 건너야 안전하며,
정해진 차선 위로 차를 몰아야 한다.

거리를 걷다 보면
눈에 보이는 무수한 선과
보이지 않는 선이
너와 나 사이를 가로막는다.

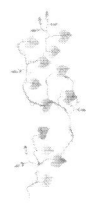

 ## 너를 보내고

언젠가
지하 노래방에서
윤도현의 〈너를 보내고〉라는 노래를
밤새도록 부른 적이 있다.

혼자 있다 보면, 문득
지나간 사람이
아니, 떠나보낸 사랑이
아름다울 때가 있다.

마르셀 프루스트가 말했던가
"인생은 잃어버린 시간에 불과하다고."

 ## 사랑은 없다

그녀가 내게서 등을 돌릴 때
사랑은 빗소리처럼 쓸쓸했다.
혼자서 돌아오는 길 위에
빗줄기처럼 쏟아지는 허무를
온몸에 맞으며 나는,
오직, 같은 말만을
되뇌이고 있었다.

해피엔딩으로 끝나는 영화는 사기라는 것을
사랑은 언제나 제자리에 없다는 것을

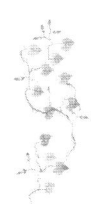

 # 꿈

평생 결혼도 하지 않고
그저 몇 명의 여자와
사랑을 나누고 동거를 하다 죽어간

최소한의 생계를 지키기 위해
낮에는 보험회사에서 일하고
밤이면 날을 새며 소설을 썼다는
카프카의 생애처럼

〈변신〉이나 〈선고〉 같은
영원히 죽지 않을 자식이나 몇 명 낳고 키우다가
세상에 왔다 갔음을 기뻐할 술잔을 부딪치며
임종을 지켜줄
마지막 연인이나 하나 있었으면

 ## 부음(訃音)

조간 신문에
흑백 사진 한 장과 함께 실린
부음란을 바라볼 때면
죽어라 하고 싶은 일만 하다가
사랑하고 싶은 사람만 사랑하다가
죽어가고 싶다.

 ## 너의 방문을 두드릴 때면

나는 너의 방문을 두드리고 싶지가 않다.
나는 너의 가슴을 껴안고 싶지가 않다.
은화처럼 빛나는 가난,
쇠사슬처럼 견고한 너의 뼈마디,
하지만 나는
너의 가난을 도와줄 수가 없구나.

보아주는 이 없는 너의 화폭에서
황사바람이 이는구나.
육신이 썩어갈수록
고통으로 피는 진실.

너의 방문 앞에 설 때면
때 낀 나의 초상이 그려지는 것만 같아
너의 방문을 두드리고 싶지가 않다.

 ## 고통까지의 거리

어느 날 저녁
베갯잇을 씌우던 아내가
베갯속을 보여준다.
혼수로 해온 베갯속이
누런 얼룩으로 가득하다.

한 땀 한 땀 꿰매온
일상의 자국
삶의 얼룩들.

마른 입술로
말끝을 흐리며 돌아눕는 아내
고통의 베개를 베고 누운 아내 곁에
나도 살며시 몸을 눕힌다.

 ## 가족사진을 바라볼 때면

문득 가족의 얼굴이 그리워질 때가 있다.
오래된 가족사진을 바라볼 때면
나는 항상 사진 속
그 시간 속에 머물고 싶어진다.

머나먼 흑백의 시간,
그리고 젊디젊던 어머니의 품안,
하이얀 강보에 싸여
초롱한 두 눈을 빛내던
청과일 같은 유년의 그 시간 속으로
역류해가고 싶어진다.

가족사진을 바라볼 때면

 ## 심야의 커피 한 잔

독약을 마시듯
심야의 커피 한 잔을 마셔보았는가.

홀로 있으면 외롭고
그래서 둘이 되어 있으면
다시 혼자가 그리워질 때
진한 커피를 마신다.
아니, 너를 마신다.
고통으로 가득 찬 내 영혼을
삼베에 넣어 쭈욱 짠다면
너의 짙은 향기와 색깔을 닮은
검은 즙이 빠져나올 것 같은 이 밤.

나는
내 영혼의 즙을 마시듯
너를 마신다.

 ## 잠자리에 들 때마다

내일을 위해 잠을 청해야 한다는 사실이 슬프다.
오직 오늘만을,
오늘만의 사랑을 꿈꾸고 싶다.
시간에 방부제를 뿌려
썩지 않는,
흘러가지 않는 오늘과
뜨겁게 입 맞추고 싶다.

 # 새

언제부턴가 그는 노래를 잊고 살았다.
가슴으로만 들리는 시를 잊어버리고
안으로만 들리는 가락을 잃어버리고
실어증에 울고 있는 시인과 같이
언제나 외롭게 비치는 너의 까만 눈동자.
어느 슬픈 사람의 눈물로도
너의 죽음으로도 채우지 못할
한 사발 희디흰 너의 눈 속에
혼자만의 애화를 은밀히 간직한 채
오늘도 어제처럼
어쩔 수 없는 철창 속에 홀로 갇혀서
온종일 토해내는
멍든 불협화음.

 ## 면회

낙엽이 지더이다.
갓 달은 일등병의 두 손을 뿌리치면서
동짓달 서녘 노을을 안으며
날아가는 철새마냥
바바리 깃을 세운 채
그녀는 위병소를 떠났더이다.

사랑이 남기고 간 것은
찌그러진 나무 도시락과
군화 끝에 채이는 낙엽일 뿐

무명

불을 켜지 못하는 나는
언제나 어둠 속의 과녁이 된다.
어둠 속에서 당기는 절망의 시위,
정녕 이대로는 살아갈 수 없는
사약 같은 소주를 목구멍에 털며 날려 버리는
일상의 화살.
나의 사랑, 나의 불행은
쑥대밭의 기억 속을 가로질러 날아가고
해질 무렵 다시
지친 내 허리 위로 떨어지는
서슬 퍼런 절망의 활촉에
쓰러지리라, 얼마든지
그러나 남겨둘 말이 없어 슬프다.
나누어 가질 것이 없어 슬프다.
우리들이 나누어 가질
하늘과, 땅과, 빵과, 그리움은
어디로 갔는가.
남은 건 오로지
소금으로 말라 버린 눈물인가,

그러나 불을 켜지 못하는 나는
마지막 남은 눈물의 흔적조차
확인하지 못한다.

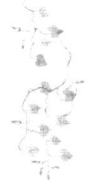

 ## 모두들 집에 돌아갈 때

나는 홀로 남아 있다.
집은 일상의 무덤 같아서
영 돌아가고 싶지가 않다.
아무도 없는 길을
행려병자처럼
이리 기웃 저리 기웃 걸어가다가
어느 모퉁이를 도는 순간,
비로소 나타나는
푸른 존재의 그림자.

모두들 돌아갈 때
나는 홀로 내 길을 간다.

 ## 꼽추가 있는 까페

그곳에 가면 LP판이 있다.
그리움이 슬픈 재즈 선율을 타고
유리창에 흘러내린다.
누구라고 그 옛날 사랑 한 꼭지 없겠는가,
오래된 흑백 영화를 보는 것처럼
희미한 옛사랑의 그림자가
어느덧 빗줄기 되어 내 몸을 흠뻑,
적셔놓는다.

찌익- 찍-
아픈 기억을 바늘로 찔러대며
자신의 건재를 과시하듯
오늘밤도 LP판은
한껏 자신의 심금을 풀어놓는다.

 ## 해명산의 낙조

임진강 굽이굽이를 따라가다 보면
바닥을 드러낸 겨울강에서
철책의 의미를 아는지 모르는지
옹기종기 모여 먹이를 찾는
철새,
철새떼.

철책을 사이에 두고
한가로이 노니는 철새떼를 바라보노라면
갇혀 있는 것은 오히려 나라는 생각에
답답한 마음 가눌 길 없어
만행을 떠나듯
해명산을 오른다.

억새 우거진 무덤의 숲에서
이름 석 자조차도 돌이끼에 묻혀 버린 비석을 보며

산은 어쩌면
우리네 삶이 얽히고 설켜
마침내 쌓이고 쌓여 이루어낸
거대한 화석이라는 생각이 든다.

뭇사람들이 오르고 또 올랐을
해명산 정상에 서자,
툭 터진 바다에서 불어오는 바람에
가슴 가슴마다
숭숭 구멍이 뚫리는데,
봉우리 저 쪽 서해로는
보문사 풍경 소리 조종처럼 들으며
아픈 사랑의 기억들이
언젠지도 모르게
지고 있었다.

 구룡령 너머에는
잃어버린 시간이 산다

"인생은 결국 잃어버린 시간에 불과하다."
마르셀 프루스트의 말이다.

겨울이면 습관처럼
잃어버린 시간들을 찾아
길을 나선다.
생각보다 먼저 왔다
언젠지도 모르게
사라져 버리고 마는
절실함으로 타오르는
지나쳐 버린
아픈 삶의
그림자,
그림자들.

오늘밤도
산장마다엔
잃어버린 시간들이
시린 사랑의 기억들을
고드름처럼 매단 채
안타까운 밤을 밝히고 있다.

 ## 내 사랑 하리수

그
아니,
그녀가 성을 바꾸듯이
세상도 바꿀 수는 없는 것인지

세
번
째

사람이 꽃보다 아름다워

 ## 길을 가다가

온종일 길을 가다 갈 길을 잃을 때
아무런 이정표도 사람 하나 보이지 않고
아무리 걷고 걸어도 삶의 불빛 보이지 않고,

짙어진 어둠 속을 한 발 한 발 내딛으며
삶의 기억 한 모금 모락모락 피워내면,
흩어진 세월 너머로
똬리 트는 그리움.

기다림은 정류장 앞을 빈 차로 서성이다
안타까운 그림자를 한 꺼풀 더 감싸며
가파른
삶의 구릉을
몸 부비며 넘어간다.

 ## 사람이 꽃보다 아름다워

안치환을 만나기 위해
대학로에 나갔다.
그는 지금 콘서트 중이다.
크고 화려한 공연장도 많은데
그는 하필
지하 소극장에서
그것도 한 달 동안이나
장기 공연을 강행중이다.
하기야 지금은 사정이 좋아졌다.
언제나 그를 만난 곳은
화염병이 폭죽처럼 터지고
최루탄이 드라이아이스처럼 깔리는 곳이었다.
어둠이 깔린 노천 극장에서, 우리는
화려한 조명 대신
일회용 라이타불을 끝도 없이
켰다 껐다 하면서
그의 노래를 가슴으로
껴안곤 하였다.

그 때 그 사람들이 지금,
중년이 되어
학전 소극장에서
다시 그의 노래를 듣고 있다.

노래를 마친 그가
쉰 목소리로 조용히 말한다.
노래를 하면서 가장 행복했던 때는
누군가가 나의 노래를 애절하게 불러줄 때라고
잔뜩 술에 취해
고래고래 내 노래를 부르며 사라져가던
젊은이의 뒷모습을 바라보며
노래를 불러야 할 이유를 깨달았다고 말하는
그의 표정 너머로
마지막 노래가 시작되고 있었다.

– 사람이 꽃보다 아름다워.

 ## 실직자 K씨의 하루

K씨는 오늘도 해가 뜬다는 사실이 두렵다.
남들보다 일찍 퇴근했다는 이유로
직장에서 쫓겨난 뒤에도
아침이면
K씨는 습관처럼 출근을 한다.

지하철역에서 종이 커피 한 잔으로
실직의 아픔을 적시며
2호선 노선도 앞을 서성대다 보면
또 하루가
전동차처럼 육중한 몸짓으로 달려든다.
몇 대의 차량을 그냥 보내고
사람들이 잰걸음으로 오고가는 동안에도
K씨는 그저 안전선 밖에 서서
아무런 기약도 없이 다음 차량을 기다린다.

성내역 – 잠실역 – 신천역 – 종합운동장 –
무역센터 – 선릉역 – 역삼역 – 강남역 –
교대역 – 서초역 – 방배역 – 사당역을 지나

K씨가 내린 곳은 서울대역

오늘의 행선지는 관악산
정장에 바바리 깃을 세운 채
산을 오른다.
오르다 보니 쑥스러운 생각이 든다.
– 정장차림에 등산이라니
될 수 있는 대로 한적한 곳에 자리를 잡고
바바리 포켓에 꽂아두었던 일간지를 펴든다.
지면을 가득 메운 활자와 씨름을 한다.
구직란과 광고란을 훑다 보면
잔인하게 등을 내리찍는 햇살
왠지 햇살이 두렵다.
빈대떡 한 장에 소주 반 병으로 두려움을 씻어
보지만
가슴을 때리는 허전함만
버려진 신문에 남겨둔 채,

K씨는

산을 내려온다.

그저 죽치기에는 증권회사 객장이 최고
시세 전광판 앞에서
상한가를 꿈꾸며
시름시름 졸다 보면
어느새 또
실직의 하루가
K씨의 얼굴에
하한가처럼 내려서고 있다.

 사물놀이

때리는 것에도 이렇듯 질서가……
막막한 네 삭신을
미치도록 내려칠 때,
가슴 속 피고름 터져
울려오는 간절함이여.

 ## 비 그리고 봄

그리움이 모여 눈물이 되었다.
기다리는 새벽은
돌아오지 않고
세상엔 그럴 수 있는 일이 너무도 많다.
하염없는 기다림이
어둠의 그늘에 가릴 때
진정 우리는 누구를 기다리지 못한다.

지금은 자정
빗소리에 이른 봄이 젖는다.
내일이면
새순으로 돋을지도 모를
이십 여 년 미천한 생의 편력들이
빗물이 되어 떨어진다.
삼월 하순, 달도 없는 밤에.

 ## 모월모일

오늘은 다만 오늘이게 하라.
유쾌한 한 잔의 술이게 하라.
내일로 향하는 시간의 초침도
다만 오늘에 멈추게 하라.

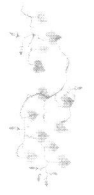

 ## 흐린 날의 우리는

흐린 유월의 하늘을
바라보지 못하는
흐린 날의 우리는
깨달음에 이를 수 없는 사람들.

구법순례를 떠난 우리들의 형제는
오늘도 돌아오지 않았다.

 # 길을 잃다

무작정 길을 나서는데
문득 가야할 길을 잃어버릴 때가 있다.
아무런 이정표 하나 보이지 않고,
가도 가도 아는 사람 하나 보이지 않을 때
두려움 속에서
무거운 그림자를 끌며,
모락모락 피어오르는
먼 옛날의 희미한
기억 하나.
기억 둘.

그 기억 너머엔, 어김없이
그리움이 어둠처럼
똬리를 틀고 있었다.

 퇴근

떠나야 한다.
그것은 시대의 불문율이다.
멍든 가슴,
상처난 영혼을 치료하기 위하여
갈 곳은 없어도
머물 곳을 찾기 위하여
어둠 속으로 귀가를 재촉해야 한다.

산다는 것은
먹는 것에 불과하다.
예금통장에 찍혀 나오는
몇 자리 숫자를 더듬으며
식솔들의 생계를 걱정해야 한다.

산다는 것은
버리는 것에 불과하다.
휴지처럼 구겨지는
청춘을 버리고
야망을 버리고

끝내는 번뇌와 회한으로 가득 찬
삭신을 버리고……

떠나야 할 시간이면
구겨져 버려진 삶의 잔해가
휴지통에 가득하다.

 새벽에

가끔은
상처받지 않는 삶은 살 만한 가치도 없는 것이라고
술만 마시면 떠들어대던
친구의 말이 생각난다.

삶이 힘들수록

 ## 거리에서

나는 오늘 또 하나 기호가 되어
도시 속을 떠돈다.
삶은 하나의 상징이다.
나는 아니, 이 거리의 모든 사람들은
그 상징을 위한 하나의 기호이고 단어에 불과하다.

저마다 제 몸 속에
고통의 씨방 하나 묻어놓고,
내 안의 또 다른 나를 찾아
풀씨처럼 흩날리다가
석양 무렵,
그림자처럼 길어지는
그리움의 꽃대궁을 향해 가는
갸륵한 몸부림.

 ## 지금은 접속중

세상이 고요하다.
지금 사람들은 무언가와 접속중이다.
그리고 빠져나오지 못한다.
게임, 쇼핑, 채팅, 성인 영화, 쌩쑈……
이제 모든 관계는 모니터 안에서만 존재한다.
혹 컴퓨터 살 돈이 없는 사람이나
컴맹들은
생활보호대상자로 지정되거나
집단수용소로 쫓겨날지도 모를 일이다.
이제 사랑이라는 말은 오래된 화석에서나
전설처럼 발견될 것이다.

사랑이 사라진 세상,
그곳에는 이제 컴퓨터 자판 두드리는 소리나
마우스 끄는 소리만
악령처럼 살아남을 것이다.

 느낌 1

세상의 모든 것은 느낌으로 다가온다.
만남도 이별도 탄생도 죽음조차도,
저물녘 낟가리처럼 쌓여가는 느낌의 뼈.

눈 뜨자 밀물처럼 또 하루가 달려든다.
충혈된 눈을 비벼 헤쳐가는 일상의 숲
숨겨둔 촉수를 꺼내 외로움을 더듬는다.

내 손에 쥐어진 한 줌의 시간 속에
순간의 그리움이 추억으로 남는 지금.
느낌은 단풍이 들어 내 안 가득 고인다.

 ## 느낌 2

추억은 빗물처럼 술잔 속에 떨어진다.
잔 가득 고여 있는 그리움을 마시며
오래된 영화를 보듯 먼 기억을 뒤적인다.

대흥사 추녀 밑에 동백나무 잎새에도
방울방울 맺혀 있는 내 삶의 흔적들이
한줄기 바람이 불어 낙숫물로 지는 하오.

 느낌 3

빠알간 홍옥을 베어무는 새벽녘
과즙같이 신선한 하루를 꿈꾸며
기필코 또 찾아온 오늘을 맞이한다.

우리네 삶이란 제 코로 숨쉬는 것.
너는 너대로 나는 나대로
설익은 꿈을 키우다 결국은 가는 것을

빠알간 홍옥을 베어무는 저녁 무렵
낙조처럼 스러지는 안타까운 마음으로
희미한 사랑을 찾아 깊어가는 이 한 밤.

 느낌 4

사랑을 꿈꾸다 사랑을 앓는 새벽
나는 왜 이다지도 미련으로 남는 건가.
외로운 꿈으로 남아 뒤척이는 이 아침.

 ## 느낌 5

김현식의 노래처럼 석양이 질 때면
원죄의 발걸음을 운명처럼 끌면서
하루를 노을 속으로 고통처럼 묻는다.

그립다 그립다 햇살이 그립다며
사라지는 또 하루를 가슴 깊이 접어둔 채
존재의 술잔을 들어 외쳐보는 나의 노래

우리도 언젠가는 그렇게 가고 말걸
속죄의 말도 없이, 사랑한단 말도 없이
고독한 꿈을 키우다 그렇게 가고 말걸.

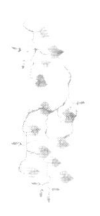

 ## 테크노 댄스, 테크노피아

클럽 테크노피아에서
테크노 음악 흘러나오면
신들린 무당이라도 된 듯
사람들은
절로 몸을 흔들고
머리는 도리도리-
좌우로 흔들어댄다.
끝없이 반복되는 가락,
끝없이 반복되는 일상,
언제부턴가 사람들은
그 소리에 익숙해져 있다.
아니, 중독되어 있다.
일에 취한 채
귀를 찢는
가슴을 찢는 강렬함 속으로
익사하고 있다.

살아갈 시간이 많지 않은데
사랑할 시간이 많지 않은데

그저 이렇게
현란한 조명과 파열음 쏟아지는 무대에서
익명의 그림자로
흔들리다가
취한 사람들의 발자국에 짓밟히고 말
테크노피아를 떠도는
가련한
네 이름 석 자.

 ## 길에서 길을 만나다

길을 가다가
또 다른 길을 만난다.
고향으로 가는 길,
산사로 가는 길,
강으로 바다로 맞닿아 있는 길.

길을 가다 보면
마음으로 통하는
또 하나의 길이
바쁜 내 발걸음을 설레게 한다.

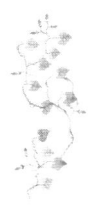

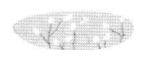 ## 불암산 자락에

지금 내 생의 봄날이 배꽃으로 피어나고 있다.
삶의 줄기마다 어슷비슷 피어나는
또 다른 사연을 담을 순백의 살결,
그리고 순백의 순간들.

꿈결인 듯 지나쳐 버릴
그리고 언젠가는 또 다시
소주 한 잔에 돼지갈비를 씹듯
되뇌게 될 추억의 순간들이
한 장, 먼 기억의 스냅사진처럼 남을
낙숫물 소리
뚝뚝 떨어져 내리는
아름다운 날들의 오후.

그리고 다시 눈 뜨면
그리움이 숙취처럼 허기져오는
내 생의 새로운 아침.

 ## 언더그라운드 1

때로 몸을 숨기고 싶을 때가 있지.
어둡고 습한 곳으로
아는 얼굴 하나 없는 곳으로
가을날 풀씨처럼 풀풀 날리는
익명의 나날들을 베고 누워,
외로움에 젖은 삭신
그리움으로 물들인 채,
단풍빛 짙은 기억 속으로
떠나가고 싶을 때가 있지.

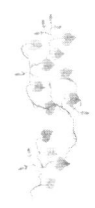

 ## 언더그라운드 2

굴욕적인 삶을 사느니
차라리 서서 죽음을 맞이하겠노라는
어느 쿠르드족 청년의
CNN 기자와의 인터뷰처럼
당당하게 그리고 명쾌하게 살 수는 없는 것일까.

사랑할 시간이 많지 않은데
살아갈 시간이 많지 않은데.

 # 언더그라운드 3

도시는 이제 거대한 지하 동굴
카타콤 속 신도들이 아니라도
저마다 가면무도회의 탈을 뒤집어쓰고
될 수 있는 대로 어두운 곳으로
밀폐된 공간을 찾아
몸을 숨기는 사람, 사람들.

도시는 이제 거대한 자궁 속
하수도처럼 막혀 버린
저마다의 탯줄을 하나씩 물고
깜깜한 어둠 속에서
홀로 즐기는
나만의 매혹,
아, 황홀한 마스터베이션.

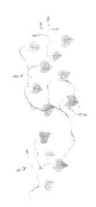

 ## 언더그라운드 4

우리 삶은 어쩌면 깊고 깊은 동굴 속,
태초의 어둠 끝을 풀씨처럼 날리다가
언젠간 찾아오고 말
햇빛을 그리는 것.

저마다 한두 꼭지 원망願望의 씨를 묻고,
가슴마다 벙그는 애증의 꽃망울을
이 아침 다시 꺾으며
또 하루를 사는 것.

 ## 진고개를 넘다

살다 보면
가끔은 고삐 풀린 망아지가 된다.

전화기를 통해 흘러나오는
오래된 친구의 음성에서 파도소리가 묻어난다.
- 짐을 정리하다 동해에서 찍은 옛날 사진 한 장이 나와서
- 그래 사는 게 뭐냐. 떠나는 거야.

대설주의보가 내려진 아침,
여행을 떠났다.
잊기 위해서가 아니라
희미해진 기억을 되살리기 위한 떠남이었다.
가끔은
오래된 영화를 보는 것처럼
추억이 아름다울 때가 있다.

 산을 기어오를수록
눈발이 굵어지고 있었다.

온통 하얀 하늘
하얀 땅
그리고 하얗게 눈을 뒤집어쓴 자동차
눈으로 뒤덮인 세상은
그 어떤 여백도 허락하질 않는다.
그저 눈처럼
하얗게, 단순하게
살아가라 한다.

그래 단순하게 살자.
친구와 나는 아무런 말도 없이 진고개를 오르고 있었다.
저 고개를 넘으면
세월의 고개를 굽이굽이 달려온
빛바랜 사진 속의
하얀 파도가 와락 달려들 테니까.

 ## 길

풍경은 밖에 있고 상처는 내 안에 산다.
구멍 난 가슴들이 상사화로 피고 지고
욕망의 빈 씨방만이 허무를 터트린다.

혼자 가고 싶은 길, 같이 걷고 싶은 사람
혼돈의 바람 부는 텅 빈 산사 앞에서
오늘도 길을 만들고 또 그 길을 지운다.

 산에서 내려올 때

산을 오를 때는
모든 것을 잊고 싶었다.
숙취처럼 찾아오는 일상을 버려두고,
바람처럼,
그저 숲속으로 가고 싶었다.
내설악 백담사 계곡,
연녹색 맑은 물 속에
한 마리 열목어가 되어,
깨복쟁이 친구들과
水魚之交를 꿈꾸며
이리저리 떼지어 노닐다 보면
어느덧 하루해 저물어
물 위에 떠 있는
한 조각 달덩이나 베고 잠드는
그런 生을
살아가고 싶었다.

 ## 길이 끊어진 곳에 강이 있었다

사람은 길로 모이고
물은 강이 되어 흐른다.
사람들을 따라 길을 가다 보니
날은 어두워지고
일순간,
길은 보이지 않았다.
길이 끊긴 그 자리엔
남루한 삶의 그림자들이
만 갈래 삶의 옷자락을
저마다의 신열身熱로 적시며
이제는 강물이 되어 흘러가고 있었다.

| 해 설 |

〈사랑〉과 〈허무〉의 뼈아픈 역설

오정국(시인, 한서대 문예창작학과 교수)

  차라리 연가(戀歌)라면 얼마나 아름다우랴. 이 시집엔 현재진행형의 사랑은 없다. 이 시집은 〈사랑〉이라는 이름의 테마시집마냥, 온통 사랑과 그리움, 그리고 기다림으로 채워져 있는데, 그 아득한 여정을 살펴보기 위해 먼저 다음의 시를 읽어보자.

> 풍경은 밖에 있고 상처는 내 안에 산다.
> 구멍 난 가슴들이 상사화로 피고 지고
> 욕망의 빈 씨방만이 허무를 터트린다.
>
> 혼자 가고 싶은 길, 같이 걷고 싶은 사람
> 혼돈의 바람 부는 텅 빈 산사 앞에서
> 오늘도 길을 만들고 또 그 길을 지운다.
>
> 세상의 모든 것은 느낌으로 다가온다.
> 만남도 이별도 탄생도 죽음조차도,
> 저물녘 낟가리처럼 쌓여가는 느낌의 뼈.
>
> —「길」 전문

시인은 〈풍경은 밖에 있고 상처는 내 안에 산다〉고 했다. 시인은, 아니 시의 화자는 지상의 온갖 풍경 속에서 〈사랑의 상처〉를 본다. 그 상처는 〈구멍 난 가슴〉으로 표현되는데, 거기서 〈상사화〉가 피고 진다니, 이는 곧 〈사랑을 잃고 나서 사랑을 앓는다〉는 것이다. 따라서 〈사랑을 잃고 사랑을 앓는〉 행위는 〈빈 씨방〉의 〈욕망〉이며 〈허무〉임을 시의 화자는 잘 알고 있다. 그러나 이 시의 화자는 〈오늘도 길을 만〉든다. 그 길은 〈혼자 가고 싶은 길〉이지만, 동시에 〈같이 걷고 싶은 사람〉의 길이기도 하다. 이런 이율배반적인 아이러니 때문에 시의 화자는 온몸으로 〈혼돈의 바람〉을 맞닥뜨려야 하는 것이리라.

이 시집은 바로 이 같은 〈사랑〉과 〈허무〉, 그 뼈아픈 역설의 노래들이다. 이런 역설은 〈길을 만들고 또 그 길을 지〉우는 행위에서도 잘 나타나 있다. 다시 말해, 이 시집은 사랑을 잃고 나서 비로소 사랑을 앓는 〈느낌의 뼈〉로 꽉 채워져 있는데, 사랑을 잃고 사랑을 앓는 자는 필연적으로 〈그리움〉과 〈기다림〉의 공간 속에 놓인다. 즉, 〈잃어버린 시간〉(「너를 보내고」 「구룡령 너머에는 잃어버린 시간이 산다」)을 〈지금 이곳에서〉 다시 한번 살아내는 몸부림을 보여주는데, 이 결핍된 자아의 낭만적 여정이 바로 이 시집의 주된 정서를 이루고 있다.

이 시집은 한용운의 〈님의 침묵〉처럼 〈부재의 존재성(不在의 存在性)〉을 일깨워주지만 잃어버린 사랑의 실체는 나타나 있지 않다. 이를테면, 〈날카로운 첫 키스〉 같은 한 마디의 언급도 없다.

　이를 통해 이 시집의 〈사랑〉은 〈추상화된 사랑〉이거나 〈사랑의 초상화〉임을 알 수 있겠는데, 현재진행형의 사랑은 이미 아득하게 흘러가 버렸고 그 상처와 얼룩만 도처에 낭자하다.

별은 빛나고 있건만
나를 위해 반짝이는 별은 하나도 없다.
무수한 별이 반짝이고 있건만
밝게 반짝일수록
사람들에게 기억된 별일수록
밤하늘 높이 매달려
더욱 고독할 뿐이다.
내가 찾고 있는 별은
오늘밤도
오리무중이다

-「별」 전문

기다림은 정류장 앞을 빈 차로 서성이다
안타까운 그림자를 한 꺼풀 더 감싸며
가파른
삶의 구릉을
몸 부비며 넘어간다.

―「길을 가다가」 부분

시간은 자꾸만 타다만 담배 꽁초를 적시고
나는 또 한 번 성냥을 그으며
기다림을 소각한다.

―「비오는 날의 연가 1」 부분

〈지금 이곳〉의 화자는 자신의 〈별〉 하나를 찾고자 한다. 또한 정류장 앞을 서성거리는 자신의 〈기다림〉을 객관화한다. 결코 합일되지 못할 대상인 타자(他者)를 희구하고 기다리는 자세이다. 그런데 시의 화자는 결국 성냥을 그어서 자신의 〈기다림〉을 소각해 버리고 만다. 이 태도는 〈기다림〉의 〈무위(無爲)〉를 잘 알고 있기 때문이다.

이 시(「비 오는 날의 연가 1」)의 마지막 구절인 〈나는 오늘도 투명한 유리잔을 들어/ 하루를 마감하는 빈 가슴을 채운다〉의 〈빈 가슴〉이 이를 잘 말해주고 있는데, 이 〈빈

가슴〉은 「길을 가다가」의 〈기다림의 빈 차〉와 일맥상통된다. 즉, 시의 화자는 〈기다림〉의 대상은 결코 오지 않는, 〈이미 비어 있는 의자〉이자 〈승객 없는 차량〉임을 잘 알고 있다는 것이다. 뿐만 아니라, 〈사람들에게 기억된 별일수록〉 〈더욱 고독할 뿐〉이라는 언술을 통해, 타자(他者) 또한 어차피 단독자로 존재하는 고독의 징표임을 말해주고 있다.

그런데 시의 화자는 어찌하여 〈별은 고독하다〉라고 말하지 않고, 〈기억된 별은 고독하다〉라고 말하는 것일까? 〈기억된 타자(他者)〉란 한 번쯤은 그의 존재를 드러낸 것이다. 그렇게 타자에게 자신의 존재를 드러냈지만, 지금은 기억으로만 남아 있기 때문에 별은 상흔(傷痕)처럼 빛난다. 지금은 잃어버린 사랑도 그러했으리라.

이렇듯, 시의 화자는 아득하게 비껴서 있는 타자(他者)를 〈찾고〉 〈기다리고〉 〈소각하고〉는 행위들을 통해 그 대상을 다시 한번 호명(呼名)한다. 허지만 그는 〈진정 우리는 누구를 기다리지 못한다〉(「비 그리고 봄」)고 단정한다. 어디 그뿐인가.

나의 사랑, 나의 불행은
쑥대밭의 기억 속을 가로질러 날아가고

123

해질 무렵 다시
지친 내 허리 위로 떨어지는
서슬 퍼런 절망의 활촉에
쓰러지리라, 얼마든지
그러나 남겨둘 말이 없어 슬프다.
나누어 가질 것이 없어 슬프다.
우리들이 나누어 가질

-「무명」 부분

 이 시의 화자는 자신의 사랑과 불행이 〈쑥대밭〉을 날아 간다고 말하지 않는다. 굳이 〈쑥대밭의 기억 속〉을 날아 간다고 말한다. 그렇다, 그의 사랑과 불행은 〈쑥대밭〉이 아닌, 〈쑥대밭의 기억〉 속을 날아갔기에 〈절망의 활촉〉을 맞고 쓰러진 것이다. 이젠 결코 〈현실〉이 될 수 없는, 〈텅 빈 공허〉같은 〈기억의 쑥대밭〉을 통과했기 때문에, 〈절망의 활촉〉을 맞았으며, 되짚어서 〈남겨둘 말이 없〉고, 따라서 〈슬프다〉는 언술이 가능해진 것이리라. 그리고 〈우리〉라고 지칭되는 대상과 〈나누어 가질 것〉도 없었으리라. 그럼에도 불구하고, 시의 화자가 끈질기게, 비켜선 타자(他者)들을 호명하는 까닭은 자못 피상적으로 여겨지기 쉬운 사랑의 고독과 그 허무의 윤곽을 좀더 뚜렷하게 드

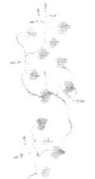

러내기 위해서이다.

> 사랑이 내 몸에서 빠져나간 그 자리엔
> 허무에 중독된 그리움들이
> 소름처럼 돋아나고 있었다.
> -「어느 메조키스트의 사랑」 부분

> 독약을 마시듯
> 심야의 커피 한 잔을 마셔보았는가.
>
> 홀로 있으면 외롭고
> 그래서 둘이 되어 있으면
> 다시 혼자가 그리워질 때
> 진한 커피를 마신다.
> 아니, 너를 마신다.
> -「심야의 커피 한 잔」 부분

비로소 시인은 〈나의 그리움은 허무에 중독되어 있다〉고 고백한다. 이 〈허무의 길〉은 사랑을 잃은 자의 〈상처의 길〉이자, 그 상처를 다시 한번 살아내는 〈피학의 길〉

이다. 흔히, 그리움이란 애틋한 추억이나 감미로운 낭만을 안겨주지만, 이 시인의 경우엔 절망적 허무를 던지고, 더욱이 놀라운 것은 시인이 오히려 그런 허무를 탐닉하고 있다는 사실이다. 그 이유는 〈홀로 있으면 외롭고/그래서 둘이 되어 있으면/ 다시 혼자가 그리워〉지는 것이 사랑의 속성임을 이미 잘 알고 있기 때문이다.

　시인은 이것이 바로 자아(自我)와 타자(他者)의 존재론적 숙명임을, 이젠 어쩔 수 없이 수락해야 할 〈존재의 비의〉임을 말해준다. 따라서 시인은 샴쌍둥이처럼 붙어 있는 〈사랑〉과 〈허무〉를 제 몸 하나로 감싸안으려는 것이며, 이 시집은 그런 시인의 처연한 몸부림이다. 그 몸부림은 〈쓸쓸한 혼돈〉(「더덕을 찾아서」)의 여운을 준다.

　　철책 너머 저만큼 버려진 나날들이
　　물 빠진 강바닥에 흰 뼈를 드러낸 채,
　　그리운 굽이굽이를 황혼으로 덮는데
　　　　　　　(중략)

　　여보세요,
　　여보세요,
　　여윈 자락 붙들어
　　핏줄 같은 흐름을 멈춰서게 해놓고

이제는 한 몸이 되어 물들고 싶어지는

—「임진강의 노을」 부분

그녀는 매일 내 방을 청소하고 간다.
나는 아직 그녀의 얼굴을 본 적이 없다.

(중략)

주인 없는 빈 방을 걸어 잠그고
기나긴 복도 끝, 그림자만 늘어뜨린 채,
부재중이라는 팻말이 붙어 있는
또 다른 방문을 향해
오늘 아침에도
덧없는 존재의 열쇠를 디밀고 있을 것이다.

—「부재중」 부분

 다소 이질적인 위의 시들은 시인의 〈쓸쓸한 혼돈〉을 잘 보여주고 있다. 시인은 아직도 〈저녁노을〉의 〈핏줄 같은 흐름을 멈춰서게 해놓고〉 〈한 몸이 되어 물들고 싶어〉 한다. 〈사랑과 존재의 길〉이 〈지향〉에 있고, 〈지향은 그리운 이름만큼 아름답다〉(「망초꽃」)는 언술에도 나타나듯이, 낭만적 자아의 아득한 여행은 계속되는데, 이런 욕망은 〈덧없는 존재〉의 심연을 들여다보는 〈구멍〉이자 〈열쇠〉

이기도 한다. 하지만 그 방은 언제나 〈주인 없는 빈방〉이며, 〈부재중이라는 팻말〉만 붙어 있다. 그리고 시의 화자 또한 〈그녀의 얼굴을 본 적이 없〉으니, 여기엔 〈텅 빈 공허〉의 〈심연〉만 〈기나긴 복도〉로 이어져 있다. 따라서 〈나〉와 〈그녀〉, 〈빈 방〉과 〈복도〉 등 〈부재중〉의 〈덧없는 존재〉들이다.

 이 같은 〈덧없는 존재의 심연〉과 〈핏줄처럼 엉기는 노을〉, 그 간극이 뼈아프다. 이런 간극을 통해 인간 존재의 비의를 드러내는 것이 앞으로 이 시인이 우리에게 던져줄 가슴 뭉클한 감동이 아닐까 싶다. 〈날은 어두워지고〉 〈길이 끊긴 그 자리〉, 〈삶의 옷자락들이〉 〈강물이 되어〉 (「길이 끊어진 곳에 강이 있었다」) 깜깜하게 흘러가기 전에.

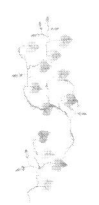